괴테의 이름으로
Im Namen von Goethe

괴테의
이름으로

최종고 시집

에크리 Ecrit

머리말

내가 지상에서 가장 좋아하는 인물은 괴테(Johann Wolfgang von Goethe, 1749~1832)이다. 슈바이처(Albert Schweitzer)는 아프리카 원시림 속에서도 매일 괴테와 대화한다고 고백했는데, 나는 그 정도는 못 되지만 마음으로 많은 사항을 괴테와 대화하며 살아왔다. 독일에서 공부하여 독일어를 읽고 괴테의 발자취를 찾아다니고 괴테에 관한 연구서를 낸 때문이기도 하겠다.

그보다 깊이, 나는 괴테와 같은 마음으로 시를 쓰기를 바라는 한국 시인이다. 괴테는 "경험하지 않은 것은 쓰지 않았다"고 고백하였듯 그의 시는 모두 생활시(Lebensgedichte)요 기회시(Gelegenheitsdichtung)이다. 그 속에서 서정성을 찾으려 했다. 모방하려 한다고 그대로 되는 것은 아니지만 나도 그렇게 시를 쓰려고 노력하여 30년가량 동안 직·간접적으로 괴테를 생각하며 100편 가까운 시를 쓰게 되었다. 그중 76편을 뽑았다.

시인은 시로 화답해야 한다. 문득 에커만(Johann Peter Eckermann)의 『괴테와의 대화』를 생각하면서 이런 시들을 『괴테와의 시화(詩話)』라는 제목으로 묶어보고 싶어졌다. 그러나 어쩐지 시화란 말이 다소 어색한 감이 들어 『괴테의 이름으로』라고 바꾸었다. 예부터 호가호위(狐假虎威)라는 말도 있지만, 때로는 근원적으로 의문스러운 것들도 있어 괴테의 이름으로 새삼 들여다보고 싶은 것이다.

한국에는 독문학자들의 괴테학회(Goethe-Gesellschaft) 외에 '괴테를 사랑하는 모임(괴사모, Goethe-Liebhaber-Verein)'도 있다. 나는 괴테학회에는 별로 못 나갔지만 '괴사모'에는 20년가량 매월 출석하며 여러 번 발표도 하였다. 마음속에서는 학술적 연구 외에 시인 괴테와 시를 통해 대화하고 있었다. 방법적으로 얼마나 그런 목적이 이루어질지 모르지만 나는 이 시집에 그것을 담고 싶다. 그리고 이 대화에 한국의 시인, 한국인들을 초대하고 싶다. 함께 나누며 생각하고 싶은 것들이 있기 때문이다.

나의 시화(詩話)는 시화(詩畫)이기도 하다. 괴테는 "사람은 많이 쓰기보다 많이 그려야 한다"고 했다. 이 충고를 따라 그림을 그린 지도 20년이 넘었다. 처음에는 괴테의 그림을 따라 그리기도 했다. 아직도 우리나라에는 화가로서의 괴테가 너무 안 알려져 있다. 그래서 이 작은 시집의 삽화는 괴테의 그림과 나의 그림으로 함께 장식하기로 했다. 그 자체가 뜻있는 일이라 생각한다.

나는 10년 전에 괴테와 다산 정약용(1762~1836)을 비교하여 『괴테와 다산, 통하다』(2007)라는 책을 낸 바 있다. 이제 70세가 되면서 지난날 괴테를 찾아 헤맨 족적을 시화로 정리해 보는 것이 무척 기쁘다. 이 나이가 되면 남의 이름 안 빌리고 자기 발로 서야 할 텐데, 일모도원(日暮途遠)이다. 출판을 맡아 주신 기파랑 안병훈 사장님과 편집을 도맡아 준 김세중 교수에게 깊이 감사한다.

2017년 7월 7일
지은이 최종고

| 차례 |

머리말 __ 5

제1부 인간 중의 인간

괴테 선생에게 __ 17

진짜 박사 __ 20

괴테의 목소리 __ 21

진복(眞福) __ 22

가슴의 미로 __ 23

미의 운명 __ 24

시인과 예언자 __ 27

의무와 권리 __ 28

하나 __ 29

법과 문학 __ 30

괴테의 그림 __ 31

욥과 파우스트 __ 34

괴테의 예수 __ 36
풍류도사 괴테(歌德) __ 37

제II부 프랑크푸르트와 남독일

슈테델 미술관에서 __ 43
슈트라스부르크에서 제젠하임까지 __ 44
에멘딩엔에서 __ 46
프랑크푸르트 시청에서 __ 48
옛 괴테 대학에서 __ 50
정의의 여신상(Justitia) __ 52
괴테 생가에서 __ 53
진미선(眞美善)에게 __ 55
마인 철교(Eisener Steg) __ 56
마인 강 늴리리야 __ 57
마인하가(下街) __ 58

가죽물레방아집(Gerbermühle) __ 59
   하이델베르크에 오면 __ 61
   프라이부르크의 괴테 플라츠 __ 65

제III부 바이마르와 북독일

   바이마르 형제 __ 69
   시르케 아침 __ 70
   마녀(Hexen) __ 72
   화가 베버 __ 74
   바이마르의 뻐꾸기 __ 75
   일름(Ilm) 공원에서 __ 76
   일름 강에 발 담그고 __ 78
   야콥 교회에서 __ 80
   에커만 무덤 앞에서 __ 82
   달빛 속의 브로켄 __ 83

모든 산정에는 _ 84
달의 괴테 _ 87
젊은 베르터의 Leiden _ 89
베츨라에서 _ 90
키켈한(Kickelhahn) 산정에서 _ 92
괴테 오두막(Goethe-Häuschen) _ 93
일메나우 풍경 _ 94
다시 바이마르에서 _ 97

제IV부 로마로 가는 길

라오콘(Laokoon) 상 앞에서 _ 101
로마의 괴테 _ 103
아르노 강변에서 _ 105
미켈란젤로 광장에서 _ 106
피렌체의 괴테 _ 107

마리엔바트에서 _ 109
쿠어 축제 Angelika Kauffmann 집 앞에서 _ 111
빈(Wien) 시립공원에서 _ 114
카를스바트에서 _ 117
시칠리아 인상 _ 119
하와이의 괴테 _ 121

제Ⅴ부 한국에 온 괴테

우면산 괴테 _ 127
초생달 _ 129
두 시인 괴테와 다산 _ 131
〈유붕자원방래도(有朋自遠方來圖)〉 _ 133
괴테형과 다산형 _ 136
괴테와 다산의 천상 대화 _ 138
다산(茶山)길 동심초(同心草) _ 140

춘원의 괴테 ― 142

달에게 ― 145

학자 비극 ― 147

괴테가 안동 오시면 ― 149

청리에 온 파우스트 ― 151

구키 슈조의 묘비 ― 152

우리에겐 왜 파우스트 전설이 없는가 ― 154

괴테와 함께 일 년 내내 ― 156

파우스트가 서울대에 오시면 ― 157

나의 메피스토 ― 158

괴테의 이름으로 ― 160

괴테와 한국 법학자 ― 162

후기_나이 일흔에 웬 괴테? ― 164

I 인간 중의 인간

괴테 선생에게
진짜 박사
괴테의 목소리
진복(眞福)
가슴의 미로
미의 운명
시인과 예언자
의무와 권리
하나
법과 문학
괴테의 그림
욥과 파우스트
괴테의 예수
풍류도사 괴테(歌德)

Goethe

괴테 선생에게

인생의 출발점부터 너무 다르다고
존경은 하지만 멀리만 느껴지던 당신

내 인생의 오십 중반에 성큼 다가와
내 철학 송두리째 흔들어 놓는가

무엇이 당신을 영원한 청춘으로
무엇이 당신을 거대한 우주로

법을 넘어 정의를 넘어
철학과 종교마저 넘어
이렇게 우람한 성(城)으로
나를 새로 맞아 주시는가

이번 독일 여행에선
라트브루흐*에서 한걸음 더 당신의 족적 찾아

괴테아눔(Goetheanum)** 얼마나 넓은지
맘껏 헤엄쳐 보겠나이다.

---

* Gustav Lambert Radbruch(1878~1949), 독일의 법철학자
** 라틴어로 '괴테의 세계'. 스위스 바젤 근처에 같은 이름의 센터가 있다.

진짜 박사

일국의 재상까지 지낸 법학박사
자연 연구가이자 의학박사
파우스트를 구원시킨 신학박사

그러고도 만족 못 할 파우스트
현대에 산다면 컴퓨터 박사도?

고양이 앞발 박사가 뒷발 박사와 논쟁하는
이름만 무성한 전문가 바보들의 세상

진짜 박사를 재창조하자
괴테의 이름으로.

(2003. 7. 20)

괴테의 목소리

듣는다
들린다
괴테의 목소리

풀잎 사이에서
물소리 속에서
달빛 속에서

자연의 소리
영원의 소리
신(神)의 소리.

(2003. 7)

진복 真福

"행복하여라, 세상 앞에서
미움 없이 자신을 닫는 이"
(Seelig wer sich vor der Welt
Ohne Hass verschließt.)*

괴테는 역시 시인이라
예수보다 시적으로 말했다

"마음이 가난한 자는
복이 있나니"**를.

---

* 「달에게(An der Mond)」
** 마태 5.3

가슴의 미로

"가슴의 미로를 지나
밤 속으로 모습을 바꾼다"
(Durch das Labyrinth der Brust
Wandelt in der Nacht.)*

괴테에게 미친다.

---
* 「달에게」

미의 운명

미(美)가 물었다
"신이여, 왜 나는 허무하게 멸망될 운명입니까?"
신은 답했다
"나는 다만 허무하게 멸망될 것만을 아름답게 만들었다."

사랑의 꽃과 이슬과 청춘이 이 말 듣고
울면서 제우스의 왕좌에서 물러나왔다

미의 운명을 꿰뚫어본 괴테
그는 어떤 미의 사제(司祭)였을까?

"미는 하나의 근원적 현상이다
그 자체는 나타나지 않지만
그 반영은 창조의 무수한 모습이 되는
발현 속에서 찾아볼 수 있다

그것은 자연 그 자체와 같이
헤아릴 수 없이 다종다양한 것이다."

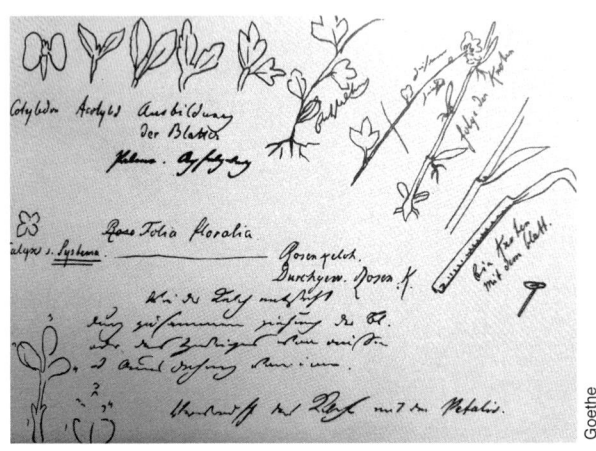

시인과 예언자

예언자는 세상을 바꾸려 하고
시인은 세상을 즐기려 한다

이렇게 갈파한 괴테는
세상을 즐기고만 갔나

무슨 변혁을 가져왔기에
그 변혁은 지금도 계속—

(2003. 7. 21)

의무와 권리

법을 공부한 법률가 당신은
왜 권리보다 의무를 말하는가?

의무는 자신이 명령한 바를
스스로 사랑하는 것이라고.

그래, 여기가 진정
권리와 의무가 만나는 곳

그렇게 하면
바로 군자(君子)!

(2003. 7. 21)

하나

철학, 문학, 신학은
하나여야 한다고

적절하신 말씀

소인배들이
밥벌이로 친 그물을 헐자

괴테 선생의 이름으로
하이데거*도 그리 말했지.

(2003. 7. 21)

---

* Martin Heidegger(1889~1976), 프라이부르크 대학의 철학 교수. 그의 댁을 방문했을 때 서재에 『괴테 전집』 아래 『하이데거 전집』이 꽂혀 있는 것이 인상적이었다.

법과 문학

법은 당신께 상점(Geschäft)이고
음악은 성전(Tempel)이라고요?

괴테 선생, 그런데 왜
문학은 말하지 않으셨나요?

문학은 정원(Garten)이라 할까요?
오히려 문학이 성전이라 할까요?

아무튼 법은 상점이나 사업에 지나지 않는다
이 점만 확인해 두죠.

(2003. 7. 24)

괴테의 그림

9살에서 83세 죽을 때까지
한 평생 2,700점이나 그렸으니
아마추어라 하기엔
화가로서의 자취 또한 우람하다

자연을 좋아하여 나무, 바위, 바다
나아가 원초식물(Urpflanze)까지 그리고
스위스, 이탈리아 여행하며
수려한 풍광들을 그리고

으스름 달밤의 풍경화는
한 편의 시 자체

그런가 하면 낮잠 자는 아내와
강아지까지 그리고

종일 그림만 그리느라
끼니도 잊어버렸노라니

수천 마디 말보다 그림 한 폭이 위대하다던
괴테 화백의 고백이 가슴에 와닿는다

문학과 미술 모두 미를 찾는 것이라면
새삼스러울 것도 아니지만….

(2003. 7. 20)

Goethe

욥과 파우스트

"지상에서 왜 선한 자가 고난을 받습니까?"
억울하디 억울한 욥*의 질문에
"네가 어디서 왔느냐?"
또 하나 질문으로 입을 막은 야훼

파우스트는 여기서 더 나아가
"선한 자와 악한 자가 무엇인가" 파고들었다
선한 자든 악한 자든 성실히 노력하면
구원이 깃든다고

인생에 관한 한 물음이 대답이고
대답이 또 물음

파우스트는 욥이다
욥은 파우스트가 아니다.

(2003. 9. 28)

* Job, 구약성서 「욥기」의 주인공으로, 신의 계획에 의해 철저하게 고통받는 의인

괴테의 예수

범신론자다 무신론자다
교회로부터 핍박 받은 당신

당신에게 예수는 누구일까
사뭇 궁금한데

신을 너무 쉽게 얘기하는
사람들에게 분명하게 한마디

"예수가 다시 오신다면 사람들은
다시 그를 못 박아 죽일걸세."

풍류도사 괴테 歌德

어찌 보면 황제 같고
어찌 보면 공자(孔子) 같고
어찌 보면 부처 같은

괴테의 인간상을 한마디로
풍류도사(Taoist)라 부른 헤르만 헤세*

헤세도 『싯다르타』를 저술했듯
독일 시인들은 스케일이 크구나

아무튼 풍류도사 歌德**
중국인들은 그에게 노래[歌]와 덕[德]을 보는구나

중국뿐인가, 서울에도
'독일의 풍류도사 괴테' 집이 서 있고

매달 '괴테를 사랑하는 모임'
발표 끝나면 풍류가 절로 나온다

괴테의 바이마르 살롱 문화
서울에서 모여 꽃피운다.

(2017. 7. 9)

---

*   Hermann Hesse(1877~1962), 독일 시인, 소설가. 『싯다르타』
    (1922)는 그의 대표 장편 중 하나
** 거더(Gede), 괴테의 중국어 표기

II 프랑크푸르트와 남독일

슈테델 미술관에서
슈트라스부르크에서 제젠하임까지
에멘딩엔에서
프랑크푸르트 시청에서
옛 괴테 대학에서
정의의 여신상(Justitia)
괴테 생가에서
진미선(眞美善)에게
마인 철교(Eiserner Steg)
마인 강 늴리리야
마인하가(下街)
가죽물레방아집(Gerbermühle)
하이델베르크에 오면
프라이부르크의 괴테 플라츠

Tischbein

슈테델 미술관에서

프랑크푸르트 출신 은행가
요한 슈테델* 씨

돈 쓰실 줄 아셔 예술품 수집
독일에서 가장 아름다운 미술관 하나

많은 값진 작품들 중에도 단연 돋보이는
티슈바인**의 〈캄파냐의 괴테〉

흰 성직자복이 마음을 사로잡는다
시성(詩聖) 괴테!

(2011. 8. 18)

---

* Johann Friedrich Staedel(1727~1816), 프랑크푸르트의 은행가. 그의 기부로 1815년 슈테델 미술관이 설립되었다.
** Johann Heinrich Wilhelm Tischbein(1751~1829), 독일 화가. 대표작 〈캄파냐의 괴테(Goethe auf dem Campagna)〉는 1787년 작

슈트라스부르크에서 제젠하임까지

'북독(北獨)의 파리' 라이프치히를 버리고
촌스런 알자스 슈트라스부르크로 내려와

변호사에 법학박사 자격 얻은 괴테 청년
애인 만나러 말 타고 다닌 제젠하임 가는 길

라인 강변 평원에 두루미 떼 날고
들장미 핀 그 길 따라 나도야 간다

무슨 하임(-heim) 무슨 하임
이름들은 모두 게르만 지명인데

오늘은 프랑스 내일은 유럽공화국(ER)
괴테는 역시 세계인의 선구였구나

알자스에서 건너다 보는 바덴의 흑림(Schwarzwald)

괴테가 보던 그 모습 그대로일 터

나도 차창 밖으로 열심히 내다보며
동아시아 공동체 꿈꾸어 본다.

(2007. 8. 20)

에멘딩엔에서

가장 사랑했던 여동생 코르넬리아
별로 행복하지 못한 결혼 생활 끝에
일찍 먼저 하늘로 날아가 무덤에 묻힌 곳

내 어찌 친오빠의 심정 같으리요만
에멘딩엔(Emmendingen) 묘지에 오면
애절한 남매 정에 가슴 아프다

결국 오빠도 저승으로 가고
오빠가 그린 여동생 초상화만—

프랑크푸르트 시청에서

프랑켄 인들 강을 건넜던 곳이라
프랑크푸르트 이름한다는 국제도시

오늘은 국제학회 도중 시장 초청으로
시청 황제홀(Kaisersaal)에서 대형 파티

괴테가 저 문에서 들어와 저 문으로 나갔다는
로트(Petra Roth) 여시장의 설명 들으며

아, 나도 드디어 괴테의 이름으로
신성로마제국 황제가 되었구나!

사방 가득 찬 황제들의 초상화
그중 나도 한몫 낀다

프랑크푸르트 시청은

역사를 홀짝 마시게 하는 곳!

(2011. 8. 15)

옛 괴테 대학에서

보켄하이머 바르테(Bockenheimer Warte) 전철역
옛 대학로에 남은 괴테 대학 건물

3층 건물에 금박으로 붙은
칸트, 괴테, 훔볼트 초상들 두고

이제는 새 캠퍼스로 옮겨 가
고적한 분위기마저 감돈다

부버, 틸리히, 아도르노…
'프랑크푸르트 학파'는 어디로 갔나?

괴테만 아니라 숱한 이름들 되뇌며
옛 캠퍼스를 한 폭 그림에 담는다

나는 언제까지 역사를 뒷북 치는가

그래도 좋다.

(2011. 8. 17)

정의의 여신상 Justitia

프랑크푸르트 시청 앞 로마인(Römer) 광장에 선
정의의 여신상, 유스티치아

한 손에 저울, 한 손에 칼 들고
여전히 먼 하늘 향해 서 있구나

괴테도 보았을 그대의 모습
나도 30년간 짝사랑하면서
올 때마다 사진 찍고 그림도 그려
'법과 미술' 강의에 많이도 써먹었지

역사 속의 정의, 세계 속의 정의
유스티치아, 그대는 어떻게 보았는가?

프랑크푸르트 시청 앞 광장에선
세계의 (부不)정의가 다 보인다.

(2011. 8. 18)

괴테 생가에서

또 왔어요, 괴테 선생
한국의 문하생 최종고

이번엔 프랑크푸르트 선생 대학에서
세계법철학대회(IVR) 참석하러 왔사온데

미술관, 박물관을 무료관람 하도록
티켓까지 주어 당장 찾아왔지요

공짜라고 허술히 볼 수 있나요
오히려 여유롭게 서가를 훑어보니
Corpus Juris Civilis, * *Esprit des Lois* **
역시 법률 책들도 많군요

개 눈에는 뭐만 보인다고
나도 법학 하며 문학 좋아한다고

선생의 댁에만 오면 맘이 편해지니
얼마 후 또 오겠어요, 스승님.

                (2011. 8. 18)

---

*　『로마법 대전(大典)』
**　몽테스키외, 『법의 정신』

진미선眞美善에게

프랑크푸르트 구(舊)극장(Alte Oper) 정문에 박힌 금박
'진(眞), 미(美), 선(善)에게(Dem Wahren, Schönen, Guten)'
여기서 얼마나 많은 진미선이 제공되어
독일인의 교양과 예술을 고양시켰는가?

왜 우리처럼 '진선미에게'라 하지 않고
미가 선보다 앞서 있는가?

선해야만 아름답다는 동양
그래서 이룬 미는 서양과 다른가?
미를 선에서 해방시켜야 하나?
선한 미와 악한 미가 있는가?

극장 속에 들어갈 생각은 않고
애꿎은 사변만 늘어놓는 너는 역시 동양인!

(2011. 8. 18)

마인 철교 Eisener Steg

마인 강 푸른 강물 위에
육중한 철제 다리 하나

괴테가 애인 만나러 다닌 길
옛 사랑의 다리라고
수백 개 사랑의 자물쇠 달아
철석같은 사랑들 맹세했구나

자물쇠는 저리 줄줄이 달렸는데
열쇠 쥔 연인들은 어디로 갔나

혹은 저 하늘에 혹은 저 강물에?
아무튼 강물이여 천천히 흘러라.

(2011. 8. 21)

마인 강 닐리리야

릴리 쇠네만* 만나러 가는 괴테
이 다리에서 릴리 릴리 불렀겠지
마음으로 수백 번 릴리 릴리 신났겠지

괴테 찾아 수륙만리
나도 신난다 닐리리야
청사초롱 불 밝혀라

한번 가는 우리 인생
릴리 릴리 닐리리야!

(2011. 8. 21)

---

* Lili Schönemann(1758~1817), 프랑크푸르트 은행가의 딸로, 괴테가 사랑했던 여인

마인하가 下街

프랑크푸르트 마인 강변
운터마인카이(Untermainkai)
어찌 일본식 이름이 붙었나

30번지엔 도쿄 여관(Tokyo-Inn)
좀 더 가면 풍차로(Windmühlstraße)
슈테델 미술관도 바라보인다

괴테의 소년 시절엔
썰매 타러 다닌 길

아침 산책 걷는 마인 강변
어느새 동네 길로 다가온다
각종 식물에는 무궁화도 있고.

(2011. 8. 21)

가죽물레방아집 Gerbermühle

물레방아 돌려 가죽을 만들었나
옛날엔 다들 그래그래 살았겠지

물레방아 도는 곳엔 사랑의 역사
괴테도 사랑엔 단연 명수

이곳에서 마리안네* 만나
『서동(西東) 시집』 여신으로 성화(聖化)시켰지

나도 이른 새벽 호텔을 빠져나와
한 시간 뜀박질하여 찾아왔네

물레방아 돌던 사연은 간 데 없고
괴테 초상 박은 향토음식점 하나

그림 한 장 그리고 다시 강변 걸으며

물레방아 도는 역사 한국 노래 부른다.

(2011. 8. 21)

---

* Marianne von Willemer, 65세 괴테의 연인으로, 당시 30세

하이델베르크에 오면

고도(古都) 알트 하이델베르크(Alt Heidelberg)에 오면
발걸음 유난히 바쁘게 쏘다녀야 한다

무너진 성(Schloß)으로 올라가며
'내로(內路, der innere Weg)'의 라트브루흐 댁 문안하고

성벽에서 괴테가 서 있던 자리 찾아
네카르(Neckar) 강 내려다보며 지는 해 바라본다

'철학자의 길(Philosophenweg)'을 가 보고
산묘지(Bergfriedhof)에도 들러
막스 베버, 라트브루흐 묘지도 둘러보고
거기 못 묻힌 야스퍼스(Jaspers) 집에서 커피 한잔

괴테 광장 부아스레* 집 들렀다

적우정(赤牛亭, Zum Roten Ochsen)에서
황태자의 첫사랑 맥주도 한잔 하고

마지막엔 고시가(古市街) 대로(Hauptstraße)에서
단골 고서점 지하실로 내려가
괴테 책 한 가방 사서 들고 나온다

북독엔 바이마르, 남독엔 하이델베르크
괴테의 이름으로 누비다 보니
어느덧 정신줄 놓아 버렸네(Herz verloren).

(2003. 8)

---

* Sulpiz Boisserée(1783~1854), 미술사가 겸 수집가. 괴테가 하이델베르크에서 그의 집에 머물렀다.

프라이부르크의 괴테 플라츠

괴테가 실제 살지도 않았지만
자유성(自由城) 프라이부르크에도 넓직한 괴테 플라츠(Goethe-Platz)

광장이라기보단 조용한 마당
차라리 정원이라 할까
베토벤 골목에 맞닿아 두 거인의 재회

유학 시절에 몰랐던 여기에 올 때마다
벤치에 앉아 시도 쓰고 그림도 그린다
가운데 선 보리수 고목, 어쩐지 괴테를 닮았다

괴테를 사랑하면 소개가 필요 없어
괴테 모임에서 만난 경비행기 조종사
나를 태워 독일, 프랑스 국경을 넘나들며
알자스, 슈바르츠발트 한눈에 내려다보았고

내 시화전에 낸 괴테 플라츠 그림 사겠다던
약간 수줍음 띤 한 프라이부르크 여성

지금도 괴테 플라츠는 여전하겠지?
그 여성은 아직도 살고 있을까?

(2017. 7. 26)

III 바이마르와 북독일

바이마르 형제
시르케 아침
마녀(Hexen)
화가 베버
바이마르의 뻐꾸기
일름(Ilm) 공원에서
일름 강에 발 담그고
야콥 교회에서
에커만 무덤 앞에서
달빛 속의 브로켄
모든 산정에는
달의 괴테
젊은 베르터의 Leiden
베츨라에서
키켈한(Kickelhahn) 산정에서
괴테 오두막(Goethe-Häuschen)
일메나우 풍경
다시 바이마르에서

바이마르 형제

바이마르 시에는
형제 아닌 형제가
영원히 산다

괴테네 집과
지척에 있는 실러네 집
국립극장 앞에 선
괴테—실러 동상

역사적 묘지 지하실엔
괴테와 실러의 관(棺)

두 사람은 저승에서도
바이마르 형제.

시르케 아침

오, 빛나는 아침 햇살
반짝이는 숲의 나뭇잎들
새 세상이 시작된다

창문 열고 심호흡 하고
한국서 갖고 온 카세트 틀고
신나게 춤 한 사위 춘다

괴테와 하이네도 〈아리랑〉을 들으면
나와 함께 덩실 춤추었으리

브로켄 올라가는 시르케 아침.

(2003. 8. 1)

Goethe

Choi

Ⅲ. 바이마르와 북독일 71

마녀 Hexen

브로켄의 인간 나비들
빗자루에 걸쳐 타고
처마에도 걸려 있어

발푸르기스 밤*도 지났건만
한 번 더 홀려 보고 싶어

'마녀식 환영(Hexliches Willkommen)'에
한번쯤 미쳐 보고 싶어

귀여운 마녀들아
파우스트 박사 어디 계시냐?

---

* Walpurgisnacht: 중부 및 북부 유럽의 봄 축제. 특히 독일에서는 4월 30일~5월 1일에 걸치는 밤에 마녀들이 브로켄 산에 모여 성대한 잔치를 연다고 한다.

화가 베버

하르츠(Harz)가 좋아 튀링엔 숲이 좋아
여한 없이 그리시려던 선생

'괴테(Goethe)'라 서명하지 않고
'화가 베버(Maler Weber)'라 적으셨지요

로마에선 '화가 뮐러(Maler Möller)'

선생도 가끔 숨고 싶은 때가 있군요
아니면 화가로 독립하시려고?

익명의 자유
선생께도 가끔 유혹이죠?

동양에선 살짝 아호(雅號)로 가린답니다
선생이 동양인이라면 얼마나 예명이 많았을지?

바이마르의 뻐꾸기

바이마르의 아침
뻐꾸기가 운다

하루를 알리기엔
너무 이른 새벽

괴테의 화신인가
실러의 화신인가

바이마르에선 위인이 죽으면 뻐꾸기?
고향에서 듣던 뻐꾸기와 소리는 같지만
신비한 여운으로 자꾸만 귀 기울여진다

바이마르는 미몽을 깨워 주는
뻐꾸기.

(2003. 8. 3)

일름Ilm 공원에서

일름 강은 여전히 유유히 흐르고
보리수 열매 떨어지는 소리

어느 먼 나라에서
신혼여행 온 마차가 서 있다

200여 년의 역사가
그대로 응축된 채 머물러 있다

풀 한 포기 돌멩이 하나
괴테의 이름으로 신성하다

짐짓 느린 걸음으로 걷는다
괴테가 함께 걸어 준다.

(2003. 8. 2)

Goethe

일름 강에 발 담그고

붕어야 나오너라
메기야 나오너라
미꾸라지야 나오너라

괴테 아저씨 사는 곳과는
머나먼 코레아에서 왔지만

내 고향에도 냇가에서
너희 친구였단다
오랜 오랜 친구란다.

(2003. 8. 3)

야콥 교회에서

1806년 10월 17일
죄 많은 노총각 결혼식 올린 곳

그리고 교회 뜰에 묻힌
크리스티아네 폰 괴테 부인
처녀명은 불피우스(Vulpius)

빈한한 집 출신으로
위대한 남성의 부인 되어
질시와 루머 속에 그림자로 살다
죽어서도 멀찍이 떨어져 자는
한국식 조강지처(糟糠之妻)

괴테의 화려한 빛 너머에
인생의 또 하나 진실이 보인다.

(2003. 8. 3)

Goethe

에커만* 무덤 앞에서

역사를 만드는 만큼
역사를 쓰는 것도 위대해
괴테 선생 만년(晚年)을 충실히 담으시더니
죽어서까지 님 가까이 묻히신 당신

세계의 괴테 연구자들
당신의 덕 안 본 사람 없는데
제 질문도 하나 대신 물어 주세요

괴테 선생, 당신은 정말
이승에서 넉 주(週)도 행복하지 못하셨나요?
저승에선 늘 행복하신가요?

---

*   Johann Peter Eckermann(1792~1854), 괴테의 만년의 비서로 9년 동안 함께 지낸 후 『괴테와의 대화』 전 3권을 남겼다.

달빛 속의 브로켄

달빛 속의 브로켄에 취하여
세 번 브로켄에 오른 괴테

동양의 수묵화같이
신비한 그림을 그리셨구나

귀한 체험이
귀한 작품을 낳는다!

나는 달밤에 브로켄 오를 순 없어
내가 그릴 것을 대신 그려 주셨구나

이제야 브로켄 달빛 속에서
화가 괴테의 눈빛을 본다.

모든 산정에는

모든 산정에는
휴식이 있다*

산정에 오르기까지는
땀나는 노력이 있다

이제는 무위(無爲)가 있다
그리고 기다림이 있다

마침내 신의 은총이 올 때까지
진인사대천명(盡人事待天命).

---

* 괴테 시 「나그네의 밤노래 2(Wandrers Nachtlied II)」의 첫 두 줄, "Über allen Gipfeln / Ist Ruh."

달의 괴테

괴테는 왜 달을 많이 그렸을까?
그는 달밤마다 그렸을까?

은은하고 신비한 달빛
한 편의 시 같은 그림

깨어 있음과
휴식

외면적 노력과
내면으로 돌아옴

긴장과 이완
들이킴과 내쉼

인생을 그렸구나

자신을 그렸구나

강렬한 인간 괴테도
결국 달의 인간이었거니.

젊은 베르터의 Leiden

『젊은 베르테르의 슬픔』이라 배웠다가
Leiden은 슬픔만이 아님을 안 후

'고뇌', '번뇌' 뭐라 할까?
최두환 교수는 '가슴앓이'라 한다

베츨라의 로테 집 전시실
한국어 번역서 옆에 놓인
중국어역은 '煩惱(판나오)'라 하였고
일본어역은 '惱み(나야미)'라 하였다

고민, 슬픔과 정열을
모두 합친 Leiden

이런 뜻을 담을 동양어는 없을까?
나는 조어(造語)할 수 있나?

베츨라에서

젊은 판사시보 괴테
샤를로테 부프* 양 만나
달콤한 사랑 나눈 도시

『젊은 베르터의 고뇌』
온 유럽 뒤흔들었고

사랑과 자살
죽음의 미학

베츨라는 명성과 좌절
착잡한 미학의 도시

오늘도 란(Lahn) 강은
말없이 흐른다.

* Charlotte Buff(1753~1828), 베를린에서 태어나 하노버에서 죽었다. 괴테를 통해서 로테(롯데)로 유명해져, 서울에도 롯데호텔까지 있다.

키켈한Kickelhahn 산정에서

닭이 운다

한국 닭은
꼬꼬댁 꼬꼬

독일 닭은
키켈 키켈

우는 소리는 달라도
닭이 우는 것이다

글자는 달라도
시는 시이다

산은 산이요
물은 물이다.

괴테 오두막 Goethe-Häuschen

키켈한 산마루
괴테 오두막

한 뼘 창문으로 내다보면
일메나우 숲 너머
도시의 인간들

우우– 몰려왔단
갑자기 조용해진다

"모든 봉우리에는 휴식이 있다"
그의 나직한 목소리 들린다.

Goethe

일메나우 풍경

'화가 베버(Maler Weber)'께서
키켈한 산정에서 내려다보며 그린

튀링엔 숲 풍경은
서양화와 동양화의 일치

표현할 수 있는 최대의
분위기를 담았다

우주적 공간에서
우주적 작품이–

다시 바이마르에서

여전하구나, 바이마르
괴테─실러 동상 마냥 정답게 서 있고
일름 공원 가르텐하우스 앞
녹음은 여전히 푸르구나

금년이 리스트 200주년이라고
여기저기 '바이마르의 유럽인'* 간판

하나 새로운 건 프라우엔플란 괴테 집
바로 코앞에 '아시아 간이식당(ASIA Bistro)'

아시아가 괴테 앞에 바짝 다가온 건 좋지만
음식 아닌 문화로 다가올 순 없을까

나도 아시아인으로 음식만 축내다
괴테 연구서만 사 들고 가는가

영혼의 웅달샘에 얼마나 더 올지 모르지만
아직도 내 마음의 안식처 바이마르.

(2011. 8. 9)

---

* '프란츠 리스트: 바이마르의 유럽인': 2011년, 바이마르 출신인 작곡가 리스트(Franz Liszt, 1881~1886) 탄생 200주년을 맞아 튀링엔 주가 개최한 행사의 타이틀

IV 로마로 가는 길

라오콘(Laokoon) 상 앞에서
로마의 괴테
아르노 강변에서
미켈란젤로 광장에서
피렌체의 괴테
마리엔바트에서
쿠어 축제 Angelika Kauffmann 집 앞에서
빈(Wien) 시립공원에서
카를스바트에서
시칠리아 인상
하와이의 괴테

Goethe

라오콘Laokoon 상 앞에서

트로야 목마 앞에서 잘못 경고한 죄로
두 아들과 뱀에 칭칭 감겨 형벌 받는 라오콘 사제

이 대리석상에 얼마나 매료되었기에
「라오콘론(Über Laokoon)」 논문까지 쓰셨나요

괴테를 아는 것은
서양문화사를 아는 것

근대만이 아니라
중세와 고대로 거슬러 올라가

라오콘 상 앞에 서서
괴테 문화사를 배운다.

로마의 괴테

평양감사도 제 싫으면 그만
바이마르 재상도 염증 날 수 있어

남몰래 총총 떠난 이탈리아 여행
결국 무엇을 하였나
로마에서 그림 그리기

화가들 틈에 끼어
정말 화가가 되려던 괴테
그리스 로마 문명 듬뿍 안고
이색적 남국 풍경 한없이 그리려 했다

안젤리카 같은 미녀 화가도 있고
티슈바인과도 화첩기행 하면서
남국을 그대로 담았다

로마인 괴테, 화가 뮐러.

아르노 강변에서

세계의 강물들에 발 담가도
아르노 강물에선 할 수 없다

르네상스의 강물
사보나롤라*의 목이 던져진 강물

베키오 다리 입구에 서서
단테와 베아트리체 생각하며 돌아서는데

"진리를 빨리 말하는 자
목이 잘린다."**

---

*   Girolamo Savonarola(1452~1498), 도미니크회 수도사로 교회의 개혁을 주창하다 피렌체에서 처형당했다.
** 『파우스트』

미켈란젤로 광장에서

미켈란젤로 광장에 서서
르네상스의 도시 내려다보고
붉은 석양 하늘 바라보면

인간도 예술도
역사도 자연도

모두 한눈에 들어온다
모두 한마음에 녹는다

할 수 있을 때 창조하라
하루는 길지 않다.

(2003. 8. 5)

피렌체의 괴테

로마로 가는 길에
피렌체도 들르셨나?

라파엘로에서 미켈란젤로
르네상스의 거장들

이곳에 오면 역시
눈[目]의 예술
조형의 예술

사타구니의 물건들이
많기도 하다

시나 소설보다
조각과 미술이 빠르다

괴테는 역시
눈의 인간.

(2003. 8. 5)

마리엔바트에서

목욕을 꽤나 즐기신 괴테 선생
카를스바트, 마리엔바트
또 무슨 바트(-bad) 찾아가셨는데

73세 노인으로 19살 소녀에게 구혼하다
거절당해 아픈 가슴으로 쓴
「마리엔바트 비가(Marienbader Elegie)」

그런 문학을 낳았길래
인류가 좋아할 수밖에

마리엔바트는
인생의 진실이 목욕하는 곳.

쿠어 축제
Angelika Kauffmann 집 앞에서

괴테를 좋아하다 보니
괴테가 좋아한 여성도 좋아
로마에서 사랑한 안젤리카 카우프만*
그녀 따라 스위스 고향 쿠어(Chur)까지 왔다

그녀의 사망 200주기라고
유럽 문화인들은 꽤나 떠들썩하고
오는 날이 장날, 쿠어 축제로 흥청이는데
웬일인지 그녀의 생가 박물관은 문을 닫아
로마의 괴테 집처럼 밖에서 그림만 그린다

문 앞에는 여러 찬사가 적혔는데
"The Whole World is Angelicanized"라
무슨 뜻일까, 그녀의 그림을 통해?
아니면 괴테란 남성을 통해서?

아쉬움 반 만족감 반 겹쳐 안고
쿠어 축제 골목 인파에 휩쓸려
Calanda 맥주에 Olma-Bratwurst(소시지) 시켜 먹고
혼자서 짐짓 흥겨워했다, 브라보 안젤리카!

(2007. 8. 18)

---

* Angelika Kauffmann(1741~1807), 스위스 쿠어 출신 여성 화가로, 로마에서 괴테, 빙켈만 등과 교유했다.

안젤리카 카우프만이 그린 자화상과 괴테 초상

빈Wien 시립공원에서

한평생 왈츠처럼 살 수 있을까?

빈(Wien) 시립공원 잔디밭
요한 슈트라우스 동상 앞에

짐짓 즐거운 표정들로
춤추며 사진 찍고
모든 사람들은 꿈꾸려 한다
덩달아 나도 꿈을 꾼다

막히는 인생 아니라
왈츠처럼 흐르는 인생-

정의도 중요하지만
예술도 아름다워

빈 공원 잔디밭에 누워
나도 꿈을 꾼다
왈츠의 꿈 –

             (1991. 8. 9)

카를스바트에서

체코에선 카를로비 바리(Karlovy Vary)라 부르는 카를스바트(Karlsbad)
괴테가 열세 번 온천여행 온 휴양도시

역에서 내려 계곡 따라 시내로 들어가면
개울 양편에 들어선 회랑 같은 건물들

어딘지 러시아 풍도 느껴지고
공원에선 미국식 재즈도 들린다

관광객들 즐비하게 걸어서 들어가며
괴테가 사용했단 꼭지 달린 컵으로

여기저기 온천수 받아
입에 대고 쫄쫄 빨며 즐긴다

유럽 최고의 온천지대
나도 따라 하며 귀족 된 기분

마리엔바트와는 또 다른 분위기
시간나면 로케트(Locket)까지 가서
울리케 폰 레베초프*를 사랑하던
춤 바이센 로스(Zum Weißen Ross) 카페도 가 보련만

쫓기는 차 시간 시내만 구경하고
독일행 열차에 몸 실어야 했다

괴테처럼 열세 번 올 수 있을까?

(2007. 8. 11)

---

* Ulrike von Levetzow(1804~1899), 괴테가 마리엔바트에서 만나 구애했으나 뜻을 거절한 여성. 평생 독신으로 살았고 괴테협회 후원자가 되었다.

시칠리아 인상

이탈리아에서도 외떨어진 지중해 섬을
그리스인, 아랍인, 스웨덴, 영국, 프랑스까지
무주물(無主物)처럼 모두들 탐내었구나

또 다른 문화다원주의(multiculturalism)
비올라(Viola) 교수가 세계법철학회에서 발표한 이유를 알겠다

그의 안내로 오후 한나절 내내
팔레르모(Palermo)와 몬레알(Monreal) 급히 돌아보니

풍부한 헬레니즘과 이슬람, 기독교 문화의 습합(襲合, syncretism) 뒤에는
힘없는 자가 정복자에게 굴종해야 했던
아픔의 숨결이 켜켜이 배어 있다

그래서 거리마다 '자유'의 상 세우고
무한히 동경하는 문화로 새겼다

비올라 교수의 입에서 나오는 운명주의(fatalism)란 말
잠시의 과객(過客) 내 마음 울린다

그래도 즐겁게 웃으며 사는 시칠리아인들
피에로의 웃음인가, 자연의 마취인가

괴테는 이걸 어떻게 느꼈던가?
차라리 그림만 그렸던가?

(2007. 8. 16)

하와이의 괴테

괴테는 하와이를 알았을까?
'알로하(Aloha)'를 알았을까?

누구보다 새 천지를 그리며
마차 타고 전 유럽을 누볐던 그

비행기는 상상도 못 하고
어찌어찌 배로 이곳에 왔다면

우선 그의 원초식물 관념이
흔들렸을까 깊어졌을까?

문명과 계몽의 사상이
전복되었을까 강화되었을까?

노력하면 구원받는다는

파우스트적 종교관마저 잠시 접어 두고

일단 바닷가 야자수 아래서
한숨 푹 주무시고 생각했을 것이다

그리고 슬슬 하와이 대학 도서관에 가서
자신에 관한 책 360여 권의 목록을 보고
약간 허허롭게 웃으실 것이다

자기의 시가 카메하메하 왕* 앞에서
낭송되었단 얘기를 듣는다면?

(2003. 12. 9)

---

* Kamehameha I, 하와이 추장으로 1810년 하와이 대부분 섬을 정복하여 하와이를 통일하였다.

V 한국에 온 괴테

우면산 괴테
초생달
두 시인 괴테와 다산
〈유붕자원방래도(有朋自遠方來圖)〉
괴테형과 다산형
괴테와 다산의 천상 대화
다산(茶山)길 동심초(同心草)
춘원의 괴테
달에게
학자 비극
괴테가 안동 오시면
청리에 온 파우스트
구키 슈조의 묘비
우리에겐 왜 파우스트 전설이 없는가
괴테와 함께 일 년 내내
파우스트가 서울대에 오시면
나의 메피스토
괴테의 이름으로
괴테와 한국 법학자

우면산 괴테

내가 가장 좋아하는 괴테 선생이
먼 한국 서울의 우면산에 오시면

코레아 운운 시 한 수 읊으실까?
이국적 풍경 그림 한 폭 그리실까?

아니면 이탈리아 여행에서처럼
원초식물을 찾으실까?

어쩌면 이 모두를 하실 어른이시지만
분명 또 하나 하셨을 것은

약수터에 온 많은 사람들 보고
조금은 한국 노인 너털웃음으로

"약수 많이들 드시고

나만큼들 장수(長壽)하시오."

(2001. 7. 22)

초생달

중학교 교과서 땜에
나도향의 초생달이더니

괴테의 그림을 본 후
어느새 나에겐
괴테의 초생달이 되었다

An den Mond, 달에게
모든 것을 말하리
괴테의 이름으로.

두 시인
괴테와 다산

독일 시인이 「들장미」를 노래할 때
조선 시인은 「홍매(紅梅)」를 노래했네

소년이 들장미를 꺾으려 하자
가시로 찌른다고 노래할 때

홍매는 속기(俗氣)를 잃고
마음으로 다가온다고 노래했네

독일 시인은 『파우스트』 서사시로 나아갔고
조선 시인은 「애절양(哀絶陽)」 저항시로 나아갔네

독일 시인은 '금광(金鑛)의 코레아'를 동경했고
조선 시인은 '백옥지성(白玉之城) 덕국(德國)'을 동경했네

독일 시인은 『서동 시집』으로 세계문학을 쌓았고
조선 시인은 수원에다 서양식 성곽을 쌓았네

육신은 떨어졌지만 시로 만난 동서 시인
문명의 교차로에서 동서 시향(詩香) 풍기네.

(2017. 7. 8)

〈유붕자원방래도 有朋自遠方來圖〉

서울대 개교 70주년 교수문인화전
60인 학자들의 서화를 모으면서
나 자신은 무슨 작품을 낼까
궁리하다 그린 〈유붕자원방래도〉

다산초당으로 저 멀리 독일에서
괴테 씨가 『파우스트』를 메고 찾아온다

화제(畵題)는 "有朋自遠方來不亦樂乎"*
그걸 쓰기가 그림보다 힘들었다

작품성이야 다들 보기 나름
삼불(三佛)의 일배화(一杯畵)**만큼 탁월하진 않지만
역사와 동서 학문을 담으려 했다

만년에 다시 찾은 붓의 향기

동양화의 무한세계로 취해 든다

동서 학예의 접점에서
낙(樂)을 찾으려는 괴테-다산 후생(後生).

(2016. 7. 31)

---

* "벗이 있어 먼 곳에서 찾아오면 또한 즐겁지 아니한가"(『논어』「학이學而」).
** 삼불은 미술사학자 김원룡(金元龍, 1922~1993). 술을 한잔 걸쳐야 그림이 나온대서 스스로 '일배화'라 했다.

괴테형과 다산형

괴테와 다산이 13년 호형호제지간이라고
책도 쓰고 그림도 그려 꽤나 알렸다

괴테를 서양의 멋있는 젠틀맨으로
다산을 동양의 선비 상으로 그렸다

위대한 인간은 역사적 문화적 차이에도
다른 점보다 같은 점이 많다고 적었다

그러고 또 수년 흘러 생각하니
역시 괴테는 긍정형 다산은 저항형
정치가 그들을 그렇게 만들었다

항상 저항하며 부정하며 사는 삶
가능성을 죽이며 살아야 하는 운명

한국적 인간형이 측은하다
인생은 근본적으로 긍정인데—

오늘은 어떤가?

(2017. 7. 7)

괴테와 다산의 천상 대화

지상에선 독일인과 조선인으로
4년 차이로 아슬아슬 못 만난 우리
하늘에서나 실컷 정담 나눠 보세

형님은 유복한 가정에서 태어나
후덕한 군주의 총애를 받으시고
안 해 본 것 없는 행운아셨지요

글쎄, 흔히들 그렇게 말하지만
진짜 행복한 시간은 넉 주도 채 안 되었네
아우야말로 『파우스트』를 실천한 삶이었네
그런데도 독일은 통일국가가 되었는데
한국은 아직 분단국가니 안타깝네

끝없이 이어지는 화제로
달이 해로 바뀌었네

내일 또 다시-

(2017. 7. 9)

다산茶山길 동심초同心草

열수(洌水) 북한강 소내[苕川] 따라
능내마을 여유당(與猶堂) 가는 '다산(茶山)길'

녹음방초 예던 길 옛 정취 남아
연꽃 향기 구수하게 풍겨 온다

홀로 걸으며 다산과 대화하는데
어느새 괴테도 함께 걷는다

선비 걸음에 신사 걸음
연잎처럼 풍류가 흐르는데

어느 카페에서 들려오나
〈동심초〉 노래—

(2017. 8. 5)

춘원의 괴테

『파우스트』도 읽어 보고 지루했다더니
독일서 갓 온 철학박사와 원서로 독파한 춘원

톨스토이를 통해 괴테까지
거슬러 안 도달할 수 없었겠지

드디어 『젊은 베르터』 판(版) 『유정(有情)』을 써
1930년대에 이미 세계문학을 창작하고도
계속 친일파로만 짓밟혀 오니

한국의 괴테를 죽이고도
세계문학(Weltliteratur)을 말할 수 있나

화해와 용서를 여전히 비웃는
한국의 메피스토펠레스들

민족을 넘어 인류를 보자
괴테와 춘원의 이름으로.

(2017. 7. 9)

달에게

이태백이 뭐라 놀자 하던?
괴테 씨가 뭐라 유혹하던?

너는 세계의 밤하늘에 높이 떠
온갖 인간 밤일 내려다보고
빙그레 미소 하며 갈 길 가는구나

초승에서 보름까지
정해진 우주의 법칙이 있겠지만
법칙 아닌 낭만으로 변신하는구나

유럽에서 하와이에서
머나먼 타히티에서
방랑하던 한국인 시인도
너를 보면 편안한 길벗이었지

이제 다시 서울의 밤하늘 아래
신께 바치는 기도처럼
너를 따라 걷는 골목길의 달맞이꽃.

(2015. 5. 29)

학자 비극

드디어 대학교수직에서 해방되었다
30년간의 법학교수직 질곡이었다
율사(律事)에는 더 이상 매이지 말자
자유, 평화, 구원
마음에는 항상 꿈이 있었다

학자는 비극을 맛보아야 한다
전공이라 거미줄 치고
대중을 잡아먹고 사는
회색의 무덤은 헐어야 한다
괴테의 이름으로.

(2017. 7. 25)

괴테가 안동 오시면

바이마르의 괴테 선생 안동 오시면
엘리자베스 여왕처럼 하회에서 팔순잔치는 안 하셔도
도산서원, 지례창작촌을 찾으시리

"퇴계 선생, 괴테올시다"
괴테, 퇴계 이름부터 닮았지요
추로지향* 선비 정신도 배우겠지만
파우스트도 풍류도사 아닌가요

지례창작촌에 얼마간 머무시면서
『파우스트』 제3부를 쓰신다면
글로벌 시대의 신고전(新古典)이 될텐데

허허, 그건 영남문맥에서 나와야지요
한국문학도 세계문학이 되어야지요

지례골짝 매화나무 꽃피울 때
우람한 큰문학도 낳아야지요

이왕 멀리 오신 기념으로
돌탑 하나 세우고 가시죠.

(2016. 4. 22)

---

* **鄒魯之鄕**: '선비의 고장'. 공자가 노나라, 맹자가 추나라 출신인 데서

청리에 온 파우스트

파우스트 박사를 내 고향에 초대하다니!
슈타우펜에서 얼마나 멀리 오셨나요?
비행기만 타면 브로켄 가기보다 별 차이 안 나지요
청리(靑里)는 이름대로 푸른 마을
유학 전통의 조용한 시골 면(面)이죠
일름 강보다 작은 병성천이 흐르고
서산과 갑장산이 병풍 친 아늑한 분지
봄에는 냇가에 버들강아지
여름엔 낙동강에서 잉어 떼 올라오고
가을엔 밤송이 벼이삭 물결
겨울엔 대숲에 참새 떼
이런 풍경에 함께 살아 보실래요?
"여기서 멈추어라" 한번 해 보실래요?

(2017. 6. 30)

구키 슈조의 묘비

고도(古都) 교토(京都) '철학의 길'
호넨인(法然院) 묘지 한가운데
일본의 대표적 철학자 구키 슈조*의 묘

선배 동료 니시타 기타로(西田幾多郞)가 쓴 묘비명
내 마음 찌르는 괴테의 시구(詩句)

"기다려라, 머지 않아
그대 또한 쉬리니"**
새털처럼 날아가는
날렵한 초서체(草書體)

먼 독일의 괴테를
동양의 심장으로 끌어왔구나

동서양 함께

우리 모두 갈 길!

---

* 九鬼周造(1888~1941), 교토학파의 문학적 철학자
** 「나그네의 밤노래 2」의 결구, "Warte nur, balde / Ruhest du auch."

우리에겐 왜 파우스트 전설이 없는가

우리에겐 왜 파우스트 전설이 없는가?
한국의 독문학자 지명렬 교수의 관심이자
모든 한국인이 물어야 할 질문

정말 우리에겐 파우스트 전설이 없는가?
단군신화는 무엇이며
바리떼기는 무엇인가

전설이 없는 게 아니라
작품화하는 문학이 없는 건가

고대성, 중세성만 있고
근대성이 없어서인가

학문과 진리를 파고들며
생명까지 모험하는 즉물성(卽物性)*이

편리한 실용주의를 극복하기 전에는—

---
* Sachlichkeit, 사물에 파고드는 태도

괴테와 함께 일 년 내내

『괴테와 함께 일 년 내내』
(*Mit Goethe durch das Jahr*)
쬐그만 책자 호주머니에 넣고 다니며

서울 전차나 버스 안에서도
매일 괴테와 대화할 수 있다
슈바이처도 아프리카에서
그렇게 하셨던가

세계에서 얼마나 많이 애독하길래
매년마다 새로운 내용으로
이렇게 예쁜 책자 만들어 내나

『괴테와 함께 일 년 내내』
인간미 나는 성서로
메마른 서울 살아간다.

(2003. 9. 22)

파우스트가 서울대에 오시면

세계 대학의 교양서 1위
괴테의 파우스트가 서울대에 오시면

법학박사, 의학박사, 신학박사라
법대, 의대, 인문대 종교학과를 찾으실까

아니면 백 동(棟)이 넘는 건물마다 걸린
무슨 대학, 무슨 연구소 간판들 보며
"이 세계가 어떤 원리로 작동하는지를
연구하는 동은 어디요?" 물으실까

학문의 통섭(統攝) 운운하지만
이를 연구하는 학과는 있는가
이에 답할 교수는 있는가

250년이 지난 오늘에도….

(2015. 7. 19)

나의 메피스토

허리춤인지 심장 속인지
가만히 꼭꼭 숨어 있다가
결정적 순간에 생큼 튀어나와
어깻죽지를 넘어 목을 뒤로 감아
살갑게 속삭여 온다

지금 당장 그만두라고
그만큼 했으면 됐다고
공연히 더 하려다 재수 더럽게
이룬 것까지 망친다고

세상은 너 아니라도 돌아간다
결국은 자신을 위해 유리한 방향으로
이익을 챙기다 끝나는 것이라고
진실을 말하다 개죽음 당한 그들을 보라
인생은 마음먹는 반대로 가는 거라고

네가 가진 자그만 달란트도
그게 언제까지 팔딱거리겠느냐
최소한 조금만 쉬다 시작하라
세상엔 네가 못 본 골목도 많고
꽃도 누구를 위한 향기더냐
죽기 전에 골고루 맡아 보라

구원은 인간이 말할 수 없는 거라고
감히 은총을 말하는 자에게 저주 있으라
어깻죽지를 넘어 목을 뒤로 감아
어느새 자취를 감춘다

나는 어느새 감동받고 있었다.

(2015. 10. 12)

괴테의 이름으로

괴테의 이름으로 무엇을 할 수 있나
괴테의 이름으로 무엇을 할 수 없나

한 인간을 넘어 문화, 우주
나도 칠십 평생 그 속을 살아왔다

무엇이 나를 사로잡았는지
무엇이 나를 갇히게 했는지
새삼 설명한다면 바보

괴테는 나의 삶, 나의 시
영원한 청춘, 활력이었지

이제 한번 정리해 보자
감사도 표시해 보자

마리엔바트로 다시 가지 않아도
괴테의 이름으로 시를 모아 보자.

(2017. 7. 4)

괴테와 한국 법학자

현민 유진오(1906~1987)
소고 이항녕(1915~2008)
월송 유기천(1915~1998)
기당 이한기(1917~1995)

왜 선배들도 괴테 팬이셨나요
괴테도 법학을 공부해서
재상까지 된 법률가라서는 아니겠죠

오히려 법이 못 하는 무엇
정의가 못 담는 그 무엇을
파우스트의 이름으로 완성하는
문학심의 위대함에 반하신 게죠

현대 한국의 형성에 다들 한몫 하신
선배님들의 정신을 이어받아

제자도 시집 한 권 펴냅니다
『괴테의 이름으로』.

(2017. 7. 4)

후기

나이 일흔에 웬 괴테?

　일흔의 나이에도 남의 말을 빌려야만 내 말을 할 수 있나? 아는 것이 죄일까? 망설임과 감행, 파우스트와 메피스토의 대결…. 아무튼 누가 말하든 진실을 말하는 데서 서로 만난다고 믿어 감행하였다. 그래서 부끄럽지 않다. 다만 여기에 하나 더 붙일 것이 있다. 그런 괴테도 자신은 하나도 새로운 것을 만든 것이 없다고 했다. 우리는 이미 있는 것을 발견할 뿐, 진선미의 이름으로 재생산할 뿐이다.

　실제 다닌 여정을 따라 5부로 나누어 보았다. 제1부에선 괴테의 인간상을, 특히 시인과 화가로서 만나 본 고백을 적었다. 제2부에는 괴테의 고향 프랑크푸르트와 하이델베르크, 프라이부르크 등 남독의 현장에서 만난 여행시를 모았다. 제3부는 괴테가 60년간 산 바이마르와 베츨라, 일메나우, 특히 브로켄 산을 여행하며 쓰고 그린 것들이다. 제4부는 괴테가 2년간 화가들과 산 로마를 중심으로 피렌체, 시칠리아, 스위스의 쿠어, 체코의 카를스바트, 마리엔바트 등지의 기행시이다. 제5부는 드디어 괴테를 한국의 서울과 내 고향 청리에 초청한 마음의 교우록이다.

괴테가 간 곳은 거의 다 가 보았다고 생각하지만 자랑도 으쓱함도 아니다. 괴테의 발자취를 따라가는 여행사전(*Goethe-Reiselexikon*)에는 가는 곳마다 성지같이 단장되어 있음을 보여 준다. 한국인도 이런 격조의 여행을 시작할 때도 되었다고 생각한다.

우리에게는 이런 가시적 과제와 함께 큰 정신적 과제가 남아 있다. 한국문학의 세계화를 얘기하면서 아직도 본령으로 들어가지 못하고 있다. 괴테가 말한 세계문학(Weltliteratur)은 민족이 아니라 인류였다. 생전에 비(非) 독일적이라 비난받던 그는 오늘날 누구보다 독일을 대변하는 존재가 되어 있다. 우리가 다산과 춘원을 그와 비교하는 뜻이 여기에 있다. 우리는 괴테의 이름으로 '학자 비극'도 과감히 얘기할 수 있다. 우리가 감당해야 할 몫은 아직도 많이 남아 있다.

이런 큰 과제를 안겨 주는 괴테를 헤르만 헤세의 표현대로 풍류도사(Taoist)로 그려 보았다. 그는 분명 서양인이면서도 한국인이, 동아시아인이 가까이 갈 수 있는 인간상이다. 그는 만사를 원초적인 것, 궁극적인 것(Ur)에서 찾았다. 자연도 인간도 사회현상에서도 그것을 찾는 노력이 파우스트적 삶이다. 노자는 "멀리 가려면 돌아와야 한다"고 했다. 동서양이 어딘가에서 만나면서 우리는 괴테의 이름으로 함께 가야 할 길이 아직 많이 남아 있다고 생각한다.

 '부시언지(賦詩言志)'라 했던가? 시의 이름을 빌려 나름대로 뜻을 전하려 하였다. 그것은 그 자체로 뜻이 있겠으나, 문제는 한국어로 쓴 시로서의 작품성이다. 여러 스타일의 시가 있지만 내가 할 수 있는 스타일은 여기까지이다. 독자들의 공감과 조언을 빈다.

괴테의 이름으로(최종고 시집)
Im Namen von Goethe

1판 1쇄 발행_ 2017년 9월 15일

지은이_ 최종고
펴낸이_ 안병훈

펴낸곳_ 도서출판 기파랑
등록_ 2004. 12. 27 | 제 300-2004-204호
주소_ 서울시 종로구 대학로8가길 56(동숭동 1-49 동숭빌딩) 301호
전화_ 02-763-8996(편집부) 02-3288-0077(영업마케팅부)
팩스_ 02-763-8936
이메일_ info@guiparang.com
홈페이지_ www.guiparang.com

ⓒ 최종고, 2017

ISBN_ 978-89-6523-681-8 03800